AF436080

Luis Fernando Rangel
Nombre de piedra
Buenos Aires Poetry, 2022
74 pp.; 15.24 x 22.86 cm
ISBN 9789878470498
Poesía Mexicana

Editorial ©Buenos Aires Poetry
Colección ©Pippa Passes
Diseño editorial ©Camila Evia

**BUENOS
AIRES
POETRY**

BUENOS AIRES POETRY
editorial@buenosairespoetry.com
www.editorialbuenosairespoetry.com

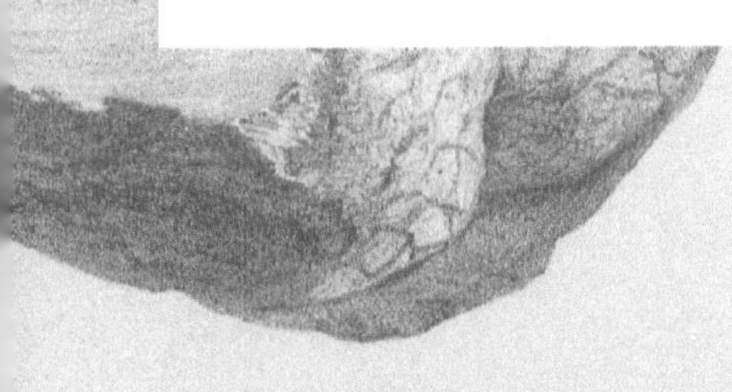

BUENOS
AIRES
POETRY

PIPPA
PASSES

Luis Fernando Rangel

Nombre de piedra

LUIS FERNANDO RANGEL

—

Nombre de piedra

a la primera piedra de esta casa

Te bauticé con nombre de piedra:
por eso fuiste tumba
y cimiento.

Una tarde mientras limpiábamos frijoles, encontramos una piedra que terminó en el suelo. No sembramos un frijol, sino una roca. Así se forman los hogares, me dijiste. Y yo pensé en todo lo que destruyen las piedras.

Coloqué un marco roto en la pared
como un presagio de nuestro amor.

La fotografía era hermosa:
las grietas de esta casa.

Frente a nosotros

se levantó una catástrofe de cemento:

    una casa

    y una tumba.

Nos dimos cuenta

de que una piedra es suficiente

para recordar nuestro fracaso.

Una piedra rompió el cristal de la ventana
y desde entonces el viento no dejó de soplar.

Nunca supe quién la arrojó.

Pudo haber sido arrojada al azar
y el destino la colocó frente a mi ventana.

Una piedra arrojada al infinito
tiene infinitas posibilidades.

Dios nunca abrió la puerta de la casa.

Temía abrir la puerta
            y encontrarnos
o darse cuenta de que nunca existimos.

En las paredes de la casa
escribimos una lista de los momentos más hermosos.

Un fragmento del pasado
y de los tiempos mejores.

Un inventario de las cosas perdidas.

La casa se quedó en silencio.

Y nosotros nos preguntamos
cómo nombrar las ausencias.

No había otra opción mas que guardar silencio
para escuchar lo que se escondondía
entre las respiraciones.

El silencio
era la posibilidad
de todas esas cosas
que no dijimos por miedo.

Mi cuerpo era la casa de los gatos
que se paseaban bajo mis ojos.

Era terriblemente hermoso:
los felinos
amenazaban
con desaparecer
en cualquier parpadeo.

Cierro los párpados
como se cierran las cortinas.

No veo la luz,
pero la intuyo.

Y la casa, a oscuras,
parece más grande.

.

La casa siempre fue una caja de cartón
habitada por dos gatos torpes
aprendiendo a amarse.

Una tormenta amenaza
con ser un adelanto
del fin del mundo.

Comparto con la casa
el miedo al derrumbe.

Temo por los malos tiempos
y me persigno torpemente
creyendo en la gracia divina.

Pensamos que seríamos testigos de la creación:
ver cómo los animales nacen
de la generación espontánea
o de la gracia divina.

Pero nos decepcionó saber
que tendríamos que estar ahí
por lo menos diez o quince años
para presenciarlo, y en ese entonces
no queríamos perder el tiempo.

Tal vez ese fue el error
que nos llevó a demoler la casa.

Debimos quedarnos estáticos,
                    como las piedras,
esperando algún milagro.

El viento sopla cada vez más fuerte
queriendo arrancar de tajo la casa,
llevarse cada astilla y cada piedra
para luego arrancarme la piel:
a fin de cuentas
piel, piedra y astilla
son la misma cosa.

La casa dejó de respirar
y yo aprendí a respirar por los dos.

Comencé a pensar
en huracanes y tormentas.

Pensé en las ráfagas de viento
y en el polvo que levantan los estornudos.

La casa se sacudió
cuando llené los pulmones
furiosamente.

Aprendí que hiperventilar
es matar los recuerdos
que no te hacen bien.

Un día nos cansamos de buscarle forma a las piedras
y pensamos en todo lo que ellas habían observado
con su solemne presencia inmóvil.

Estaban quietas
mientras tú y yo corríamos
por la orilla del mundo.

Vimos las nubes esfumarse
y las montañas sucumbir al viento.

Luego fingimos ser piedras
manteniéndonos inmóviles
mientras las gotas de sudor
nos corrían por el rostro.

No lo sabíamos,
jugamos a ser las piedras
de nuestra propia casa.

El derrumbe es inminente.

Me acurrucaré en algún rincón
a esperar que el cielo
        se caiga
        sobre mí.

Pensamos en el polvo
y nos abrazamos temblando
porque a lo lejos, los relámpagos
desmoronaban nuestro hogar,
pequeños pedazos del mundo.

El polvo de los escombros nos cegó.

Pensé en el fin del mundo
cuando sólo era el fin de la casa.

Ahora pienso en todas las noches
en que los gatos no maullaron.

No hay forma de abandonar el derrumbe
sin llenarse del polvo que deja
tras de sí
    el escombro.

Quizá algún día pensaremos en las ruinas
como se piensa en los grandes imperios.

Qué tormenta levantó este monumento al olvido:
     el polvo.

Lo digo como se dicen las oraciones más tristes
que guardan la esperanza de la resurrección.

Comienzo a orar:

de este polvo

espero que nazca

el recuerdo más profundo.

El viento se llevó los escombros de la casa.
Un remolino los levantó para subirlos hasta el cielo
y ofrecérselos a un dios de pulmones silicosos.

La casa es un cementerio de polillas.

No bastan los escombros como tumba:
hay que incinerar las ruinas.

Sólo así encontrarán la paz.

Las hormigas invadieron el jardín de nuestra casa.

¿Qué hacer con este dolor en el pecho?
¿Qué hacer con tu ausencia?

Las hormigas, poco a poco,
llenarán ese espacio.

La casa no resucitó al tercer día.
De entre las ruinas
sólo se levantó el polvo.

Hoy recogí la última piedra del escombro
para lanzarla al mar.

Imaginé que estaba atada a mi cuello.

Sólo existe una forma para describir el derrumbe.

Habrá que escribir entre los escombros

y hacer de las ruinas un altar.

En la pared,
una grieta anuncia
el nacimiento de las hormigas.

Podrían echarse la casa en hombros
y llevarla hasta el fin del mundo.

Y todo, mientras dormimos.

Combatiremos a las polillas
mientras leemos instructivos
contra las plagas.

Y si salimos victoriosos,
les bordaremos alas a todos los insectos
para que vuelen cargando
los cimientos del mundo.

Un día descubrí a las hormigas
caminando por el patio
y sentí ganas de huir.

Pero las vi quedarse
y les aprendí el arte del olvido.

El sol las quemaba y ellas insistían en caminar
cargando en la espalda el resto de la memoria.

No recordaban las tormentas
ni las lupas quemándolas,
sólo pensaban en el camino
como quien piensa en su hogar.

Vamos a construir una casa
y apresar el eco de nuestra promesa.

Guardar cada palabra
y pensar que la susurró algún dios:
esa será nuestra oración de cada día.

Supongamos que soy una piedra
y seré un nuevo cimiento.

Esta piedra será el cimiento
con el que edificaré una nueva casa.

No es una piedra muy grande
y la casa tampoco lo será.

Basta con que me cubra
del sol y la lluvia.

Tampoco es muy resistente,
pero el día en que se derrumbe
y se vuelva polvo, yo me volveré ceniza.

Quizá por eso me gusta tanto.

Hay que edificar un altar para el olvido.
Conmemoremos a la piedra con la piedra
y al polvo con el polvo.

Una cruz de ceniza no es lo mismo
que un cuerpo que arde.

Una cruz de ceniza
es un adelanto de la gracia divina.
Pero hablo de otras cosas:
de la piedra, el polvo
y el olvido.

Digo:
una piedra para adorar a otra
es una tumba como trofeo de la vida
y una casa como elegía tristísima.

Una piedra para adorar a otra
es un altar listo para el sacrificio.

En algún momento de la infancia
creí que el mundo era plano
y se terminaba detrás
de los cerros que veía
desde la ventana.

Ignoraba que era redondo y giraba en el espacio
como una piedra arrojada al viento.

Ignoraba que los trenes seguían su marcha
y no caían al rozar el horizonte.

Ignoraba que si lanzas una piedra,
     ya no vuelve.

Una piedra atravesó la ventana,
cayó a mis pies y fue como quebrar
el tiempo, como romper mi rostro
en el espejo y reanudar la cuenta
de los siete años de mala suerte.

Dejé de pensar en la casa
y pensé en el origen del mundo.

En la primera piedra y la primera tumba.

Pensé en el día de mi funeral
y en el traje con el que me enterrarían.

La memoria de la piedra es la tumba
en la que dormiremos algún día.

Porque la piedra sabe que el cimiento,
la raíz más firme y precisa,
también es el final.

•

Un día pensé en cultivar un jardín.

Decir tu nombre
como se dice el nombre de todas las flores
y esperar que de la tierra surgiera la raíz más verde
para cimentar al mundo.

Pero nunca aprendí a llamarte.

Ahora me lamento frente a un escombro
que bien podría ser nuestra tumba
o la cuna de un nuevo fracaso.

Fuimos los primeros seres en habitar el paraíso.

Vivimos en el mundo antes del mundo.

Nuestra casa era un fragmento

de la tierra prometida.

He conocido otras casas
que me recuerdan los días gloriosos de mi imperio.

Me hacen pensar que fracasamos:
ahora las polillas gobiernan nuestro hogar.

En el jardín
un árbol inmenso se abre al cielo
como un edificio altísimo.

Vemos el césped y el árbol;
la casa y la roca.

No sabemos
qué fue primero.

La memoria es
un accidente
de la piedra.

En el jardín

A veces me gusta volver a las ruinas
y ver los escombros.

Pensar que al menos aprendí
a levantar muros.

Cuando era niño aprendí
a descifrar el andar de las hormigas.

Supe que cargaban el peso del mundo
cuando en la pared dibujaron una grieta
y la casa se cayó a pedazos.

Las hormigas nunca aprendieron a nadar.
Una tarde decidieron caminar por el patio
y se ahogaron en el río de mi llanto.

¿Realmente era el polvo o la ceniza?

Esta casa arde desde el interior.
Esta casa arde y se ha consumido por completo.

No queda sino la ceniza para recordar lo que se consumió
y el polvo para recordar que alguna vez existió una casa.

•

Me preguntaste qué era una casa
y no supe responder.

Traté de dibujar un cuadro
y dijiste que eso era una caja.

Entonces escribí en las paredes
que esto era nuestro hogar.

Pero me dijiste
que no cualquier casa
puede ser un hogar.

Y fue más fácil
derrumbar las paredes
que borrar la sentencia.

En la pared escribiste:

> *Llorar es*
> *ensayar la felicidad.*

Nota en la pared:

Hay días que son como túneles
y hay días que son como puentes.

Nota en la pared:

*Una casa puede tener
habitantes o huéspedes.*

*Un habitante
vive en su hogar.*

*Un huésped
está de paso.*

Tu voz resonó en la casa

como una voz profética.

Nunca dijiste que me querías.
Mencionaste los castigos divinos
y algo sobre el tiempo que se avecinaba.

Otra nota en la pared:

Todo tiene su tiempo

y todo lo que se quiere debajo del cielo tiene su hora:

tiempo de nacer y tiempo de morir;

tiempo de plantar y tiempo de arrancar lo plantado;

tiempo de matar y tiempo de curar;

tiempo de destruir y tiempo de edificar.

Eclesiastés 3:1-3

Las hormigas cargan a la espalda
los pilares del mundo.

No las pisen.
Su muerte podría hacer
que el mundo se venga abajo.

Hoy lloré solamente dos lágrimas:
mi jardín no necesita más.

Cuando vea las flores
sabré que soy feliz.

Cuando vea las flores
no necesitaré más llanto.

Hay canciones que son casas.
Hay casas que son tumbas.
Hay tumbas que son cimientos.

Hay cimientos, ruinas,
raíces, piedras, que son
vestigios de las demoliciones.

Y la música suena de fondo.

Última nota en la pared escrita con cenizas:

> ~~La casa siempre estuvo en llamas~~
> ~~y los que la habitamos fuimos los que la hicimos arder.~~

~~Un cantante de una banda de rock.~~

Tengo miedo de escribir tu nombre.

Escribiré *la casa*
y de todas maneras
sentiré que te nombro.

Luis Fernando Rangel (Chihuahua, México, 1995).

Escritor y editor. Autor de los *La marcha de las hormigas / The March of the Ants* (Nueva York Poetry Press, 2022; II Premio Internacional de Poesía Nueva York Poetry Press 2021), *Miedo a los relámpagos* (Crisálida ediciones, 2022), *Corridos de caballos* (Medusa, 2021; IV Premio Nacional de Poesía "Germán List Arzubide" 2020), *Dibujar el fin del mundo* (Editores UACH; Premio Estatal de Poesía Joven "Rogelio Treviño" 2017), Hotel Sputnik (Tintanueva ediciones, 2016; Mención honorífica del Premio Nacional de Poesía "Rogelio Treviño" 2015) , entre otros. Además su obra ha merecido algunos reconocimientos como los Juegos Florales de Lagos de Moreno en el área de cuento en 2021 por la obra *Canciones rusas* y el Premio Nacional al Estudiante Universitario Sergio Pitol de Relato en 2017. Textos suyos han sido traducidos al inglés y al italiano. Ha colaborado en antologías, revistas y suplementos culturales de México, Colombia, Argentina, Chile y Estados Unidos. Ha sido becario del Fondo Municipal para Artistas y Creadores (2017), del Festival Interfaz de ISSSTE Cultura (2014) y del curso de verano de la Fundación para las Letras Mexicanas (2017). Es cofundador de Sangre ediciones y director general de la revista *Fósforo. Literatura en breve.* Es Licenciado en Letras Españolas por la UACH.

Diciembre 2022
Impreso en Buenos Aires,
Buenos Aires Poetry
www.editorialbuenosairespoetry.com